알쏭달쏭한 낱말!
필수 어휘 퍼즐로!

이런, 학교 공부가 어렵다고요? 교과서를 읽어도 무슨 말인지 모르겠다고요? 그건, 낱말 뜻을 제대로 몰라서 그런 거예요.
학교 공부의 기초인 낱말! 쉽고 재미있는 가로세로 퍼즐로 초등 필수 어휘를 완성하세요.
자, 출발~!

2025년 05월 30일 3판 1쇄 **펴냄**
2025년 01월 25일 2판 1쇄 **펴냄**
2022년 05월 25일 1판 6쇄 **펴냄**
2019년 07월 25일 1판 1쇄 **펴냄**

펴낸곳 (주)효리원
펴낸이 윤종근
글 윤선아 · **그린이** 손종근
등록 1990년 12월 20일 · **번호** 2-1108
우편 번호 03147
주소 서울시 종로구 삼일대로 457, 406호
전화 02)3675-5222 · **팩스** 02)765-5222
ⓒ 2019 · 2025, (주)효리원

잘못 만들어진 책은 구입하신 서점에서 바꾸어 드립니다.
ISBN 978-89-281-0820-6 74810

이메일 hyoreewon@hyoreewon.com
홈페이지 www.hyoreewon.com

저학년 교과서
필수 어휘 퍼즐

윤선아 글   손종근 그림

 **일러두기**

1 초등학교 1학년부터 3학년까지 전 과목 교과서에 나오는
 낱말을 골라 엮었습니다.
2 길잡이 글에는 해당 낱말이 들어간 예문을 넣어 낱말의 쓰임을
 한 번 더 익힐 수 있도록 하였습니다.
3 비슷한말과 반대말을 표기하여 폭넓게 어휘력을 기를 수 있도록 하였습니다.
 비슷한말→비, 반대말→반

머리말

　우리는 상대방의 뜻을 이해하고, 내 생각을 표현하며 살아가요. 이해의 방법에는 '듣기'와 '읽기'가 있고, 표현의 방법에는 '말하기'와 '쓰기'가 있지요. 이 모든 방법의 밑바탕에는 '낱말'이 있어요.

　낱말을 필요한 곳에 알맞게 사용하는 어휘력은, 학교 공부를 잘하는 데 가장 기본이 되는 능력이에요. 교과서의 내용을 이루고 있는 낱말 뜻을 잘 알아야 무슨 말을 하는지 알 수 있으니까요. 한마디로 낱말의 뜻을 알아야 공부가 재미있어지고 쉬워진다는 거지요. 따라서 초등학교 저학년 때부터 낱말의 정확한 뜻을 알고 익히는 어휘력이 무척 중요하답니다.

　이 책은 저학년 전 과목 교과서에서 저학년 여러분이 꼭 알아야 할 낱말을 골라 가로세로 퍼즐로 엮었어요. 풀이를 보고 어떤 낱말인지 알아내다 보면 풍부한 어휘력은 물론, 상상력을 키우는 데도 큰 도움이 될 거예요. 포기하지 말고 차근차근 도전해 보세요~!

글쓴이 윤선아

낱말 퍼즐  단계

가로 길잡이

1 사람이나 동물이 활동하며 살아가는 일.
일본은 우리와 ○○ 방식이 달라요.

4 세탁기, 냉장고, 텔레비전, 전등 등에 필요한 에너지. 전자 제품을 안 쓸 땐 전원을 꺼서 ○○ 요금을 절약해요.

세로 길잡이

2 꽃이 한껏 핀 모양을 나타내는 말.
해바라기가 ○○ 피었어요.

3 나라 사이에 관련이 있거나 관련을 이룸, 또는 여러 나라에 공통됨. ○○ 관계.
유엔은 '○○ 연합'이에요.

4 전기의 힘으로 철길 위를 다니는 차.

가로와 세로 길잡이 글을 잘 읽고 낱말 퍼즐을 완성해 보세요.

해답은 22쪽에

낱말 퍼즐 2단계

가로 길잡이

1. 문화 활동으로 만들어진 가치 있는 사물.
   무형 ○○○, 유형 ○○○.
   남대문은 소중한 ○○○입니다.
2. 월요일 다음 요일. 월요일, ○○○, 수요일.
4. 발의 뒤쪽 발바닥과 발목 사이 불룩한 부분.
   새 신발을 신었더니 ○○○가 아파요.

세로 길잡이

2. 불이 나는 재난. ○○ 신고는 119.
3. 사과나 포도 같은 열매. ○○ 장수.
4. 집채의 뒤에 있는 뜰. 반 앞뜰.
5. 쓸모나 중요성. 문화재를 보존하는 일은 무척
   ○○가 있어요. 비 값어치.

가로와 세로 길잡이 글을 잘 읽고 낱말 퍼즐을 완성해 보세요.

낱말 퍼즐  3 단계

가로 길잡이

1 사람들이 돈을 저금하고 빌리는 곳.
  모은 용돈은 ○○에 가져가 저금했어요.

4 그림을 그릴 때 색칠하는 거예요.
  ○○으로 색칠을 해요.

세로 길잡이

2 많은 사람들이 목적이나 계획을 갖고 함께 하는 일.
  3월에 가장 큰 ○○는 입학식!

3 빵을 만드는 일.
  유명한 제과점에서 ○○ 기술을 배웠어요.

4 개구리나 오리 등의 발가락 사이의 얇은 막.

가로와 세로 길잡이 글을 잘 읽고 낱말 퍼즐을 완성해 보세요.

해답은 22쪽에

낱말 퍼즐 4단계

가로 길잡이

1 여름에 '맴맴' 우는 곤충.
3 동물을 기르고 돌보는 일을 직업으로 하는 사람.
   ○○○가 사자를 돌봐요.
5 소송 사건을 해결하려고 법관이 판단을 내리는 일.
   법원에서 ○○이 열렸어요.
7 남을 도와주거나 보살펴 주려고 마음을 쓰는 거예요.
   테레사 수녀는 ○○심이 강했어요.

세로 길잡이

2 머리를 꾸며 주는 일이 직업인 사람.
   ○○○가 파마를 하고 있어요.
4 땅. 대륙과 연결되어 있는 땅을 이르는 말.
   🅱 뭍.
6 우편물이나 상품을 집까지 배달해 주는 일.

가로와 세로 길잡이 글을 잘 읽고 낱말 퍼즐을 완성해 보세요.

해답은 22쪽에

낱말 퍼즐 5단계

가로 길잡이

2. 고기, 채소, 된장, 고추장을 넣고 끓인 음식.
   된장 ○○. 김치 ○○.
3. 동물의 반대로 움직이지 못하는 생물.
   풀, 나무, 꽃. ㉫동물.
5. 음력 8월 15일. 송편을 먹어요. ㉯한가위.
6. 가늘고 긴 나무 기둥에 흑연을 넣어 글씨를 쓰는 도구.

세로 길잡이

1. 팔목에 끼는 고리 모양의 장식품.
4. 강에 흐르는 물.
5. 지나간 일들을 돌이켜 생각하는 것.
   엄마는 학생 때 사진을 보며 ○○에 잠겼어요.
7. 연필, 지우개, 칼 등을 넣는 작은 통이나 주머니.

가로와 세로 길잡이 글을 잘 읽고 낱말 퍼즐을 완성해 보세요.

낱말 퍼즐 6 단계

가로 길잡이

1 학생이 되어 학교에 들어가는 거예요.
  오늘 1학년 ○○식을 했어요. 반 졸업.
2 과학을 연구하는 사람.
5 새 소식을 담은 종이.
  아빠는 ○○을 보고 계세요.

세로 길잡이

1 입에서 느끼는 맛에 대한 감각.
  ○○이 변했는지 이제 매운 게 맛있어요.
2 사물의 원리나 법칙을 알아내는 학문.
3 다음 학기 전에 수업을 쉬는 일.
  여름 ○○.
4 어떤 일을 할 수 있다고 스스로 믿는 것.
6 문짝의 밑이 닿는 문지방의 윗부분.
  아기가 기어 ○○을 넘어와요.

가로와 세로 길잡이 글을 잘 읽고 낱말 퍼즐을 완성해 보세요.

낱말 퍼즐 7 단계

가로 길잡이

1. 크기가 아주 큰 것. 극히 대형의 것.
   ○○○ 잠수함. ○○○ 스크린.
3. 먹을 수 있게 만든 밥이나 국, 반찬 등.
   맛있는 ○○을 보자 군침이 돌았어요.
4. 가을과 봄 사이의 추운 계절.
6. 길쭉하고 독특한 향이 있는 여름 채소.

세로 길잡이

1. 풀이 나 있는 들판.
   드넓은 ○○에는 양 떼들이 가득.
2. 시간이나 순서로 맨 앞. 맨 ○○. 반마지막.
5. 얼굴을 비춰 보는 물건.
7. 손해의 반대말. 물질적이든 정신적이든 보탬이 되는 것. 장사를 해서 ○○을 얻었어요. 비이득.

낱말 퍼즐 8 단계

가로 길잡이

2 어떤 시각에서 어떤 시각까지의 사이.
  수업 ○○.

3 물음에 대한 대답.
  공식적인 ○○을 부탁드립니다.

세로 길잡이

1 무나 과일 따위를 갈아 즙을 낼 때 사용하는 우툴두툴한 물건. ○○에 감자를 갈아요.

2 흐르는 시간의 어느 한 시점. 해뜨는 ○○. 🔵시간.

4 이랬다저랬다 잘 변하는 태도나 성질.
  ○○쟁이.

5 남보다 뛰어난 점. 발이 빠른 ○○이 있어요. 🔴약점.

6 상처에 감는 소독한 헝겊. ○○를 감아요.

7 미리 알림, 또는 그런 보도. 일기 ○○.

가로와 세로 길잡이 글을 잘 읽고 낱말 퍼즐을 완성해 보세요.

관찰

사물이나 어떤 일을 주의 깊게 살펴봄.

낱말 퍼즐 1단계

가로 길잡이

2 봄에 피는 노란 꽃.
   진달래 말고 ○○○.

4 라이트 형제가 발명한 하늘을 나는 탈것.
   해외 여행을 갈 때는 ○○○를 타고 가요.

세로 길잡이

1 다람쥐가 좋아하는 갈참나무, 떡갈나무 등의 열매.

3 우리 옛이야기에 장난스러운 모습으로 등장하는
   귀신. 흔히 짓궂고 심술궂다.
   ○○○ 방망이로 뚝딱! 금 나와라!

5 물체가 가지고 있는 힘. 일을 하는 힘.
   전기 ○○○. 열 ○○○.

가로와 세로 길잡이 글을 잘 읽고 낱말 퍼즐을 완성해 보세요.

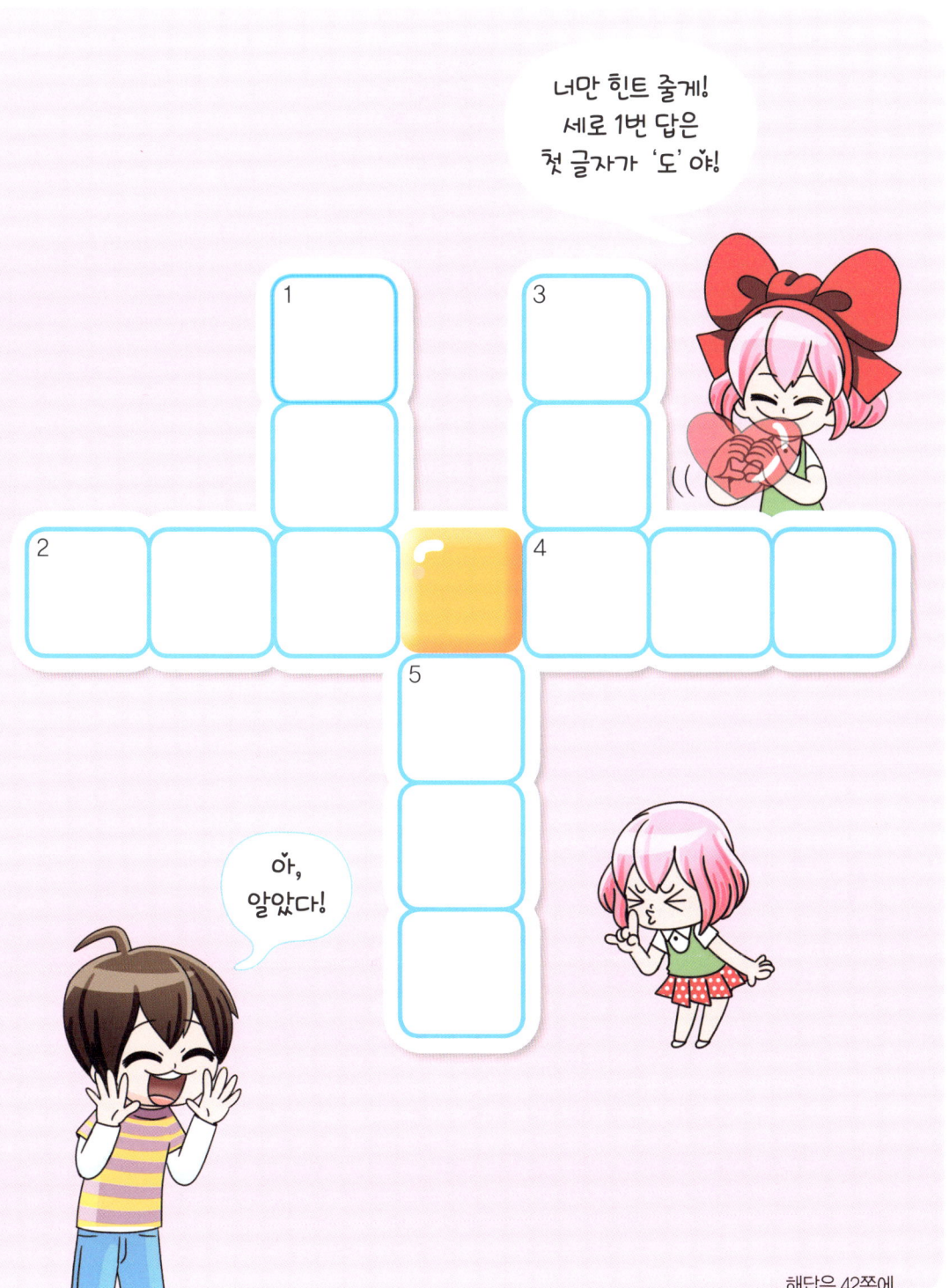

낱말 퍼즐  단계

가로 길잡이

1 몸을 단련하거나 건강을 위해 움직이는 일.
   아침 ○○을 하니 밥맛이 좋아요.
3 버스, 지하철 등 사람들이 이용하는 교통수단.
   도로가 붐비니 ○○○○을 이용하세요.
5 문장 부호의 하나로, 의문을 나타낼 때 문장 끝에 쓴다. '?'의 이름.
6 한 해 중 낮이 가장 짧고 밤이 가장 긴 날.
   ○○에는 팥죽을 먹어요.

세로 길잡이

2 자기가 사는 집의 근처예요. 비마을.
4 학교에서 반 학생들이 공부하는 곳. 비강의실.
5 물을 더해 색칠할 때 쓰는 것.
7 우리가 살고 있는 초록 별.

가로와 세로 길잡이 글을 잘 읽고 낱말 퍼즐을 완성해 보세요.

낱말 퍼즐  단계

가로 길잡이

1. 때를 씻어 낼 때 쓰는 물건이에요.
   물에 녹으면 거품이 나요.
3. 위급할 때 급히 대피할 수 있게 마련한 출입구.
   엘리베이터를 타지 말고 ○○○로 나가세요.
5. 그림을 붙이는 판.
   ○○○에 그림을 붙여 예쁘게 꾸며요.

세로 길잡이

2. 남자가 자기보다 나이 많은 여자 형제를 부르는 말.
   엄마야 ○○야, 강변 살자!
4. 가깝게 사귀어 정이 두터운 사람.
   ○○끼리 사이좋게 놀아요. ㉑벗, 동무.

가로와 세로 길잡이 글을 잘 읽고 낱말 퍼즐을 완성해 보세요.

낱말 퍼즐 4 단계

가로 길잡이

2 국민의 안전과 재산을 보호하는 사람. 도둑을 잡아요. 비경관.
7 머리를 보호하기 위해 쓰는 모자. 공사장에서는 ○○○를 써요.

세로 길잡이

1 나라와 나라 사이의 경계 부분.
3 오래 되풀이해서 저절로 익혀진 행동.
4 낱말의 뜻과 쓰임 등을 모아서 실은 책. 모르는 낱말은 국어○○을 보렴.
5 훌륭한 사람의 삶과 업적을 쓴 글.
6 맥이 뜀. 심장 ○○ 소리를 들었어요.

가로와 세로 길잡이 글을 잘 읽고 낱말 퍼즐을 완성해 보세요.

낱말 퍼즐 5단계

가로 길잡이

2 물건을 싸는(포장하는) 종이.
  선물을 예쁜 ○○○에 쌌어요.
4 겉은 노랗고 속은 하얀 여름 과일.
6 봄과 가을 사이의 아주 더운 계절.

세로 길잡이

1 그날그날 겪은 일을 적는 공책.
  ○○○에 오늘 일을 적었어요. 🅱다이어리.
2 동글동글한 알이 많이 맺히는 보라색 과일.
3 계산을 하거나 글을 쓸 때 제대로 판단하고 적절히 대응하는 적응력. 인간의 지적 능력.
5 엄마의 남자 형제를 부르는 말.
6 듣는 이가 여러 사람일 때 그 사람들을 높이는 말.
  신사 숙녀 ○○○!

가로와 세로 길잡이 글을 잘 읽고 낱말 퍼즐을 완성해 보세요.

낱말 퍼즐 6 단계

가로 길잡이

1 음식을 골고루 먹지 않고 가리는 거예요.
   ○○하면 키가 안 커요!
4 전 세계 컴퓨터가 정보를 교환하는 통신망.
   모르는 것은 ○○○을 통해 찾아보렴.
6 비가 적게 와 사람이나 동식물이 살기 힘든 땅.
   낙타는 ○○의 교통수단이에요.

세로 길잡이

2 상한 음식물의 독 때문에 병이 나는 거예요.
   비식품 중독.
3 시를 쓰는 사람을 이르는 말.
5 끝이 꼬불꼬불하게 말리는 식물. 말리면 갈색을 띰.
   작은 아이 손을 ○○○손이라고 해요.
7 여러 사람이 지키자고 약속한 법칙.
   이틀에 한 번씩 청소하는 게 우리 반 ○○이야.

낱말 퍼즐 7단계

가로 길잡이

2. 몸이 희고, 다리가 얇고 긴 새. 비학.
4. 벼루에 먹을 갈아서 만든 검은 물.
6. 사물을 종류에 따라 가름.
   도서관의 책들은 ○○가 되어 있어요. 비구분.
7. 몇 개의 수나 식을 더하여 계산하는 식.

세로 길잡이

1. 사슴과의 동물로 수컷은 세 갈래의 뿔이 있어요.
   고라니랑 닮아서 자주 헷갈려요.
3. 길짐승, 날짐승, 사람, 벌레를 통틀어 이르는 말.
   식물 말고 ○○.
5. 화초를 심고 가꾸는 그릇.
   창가에 ○○을 놓고, 물을 주어요.
8. 어떤 수에서 어떤 수를 덜어 내는 셈. 반덧셈.

가로와 세로 길잡이 글을 잘 읽고 낱말 퍼즐을 완성해 보세요.

낱말 퍼즐 8 단계

가로 길잡이

1 주로 나라나 민족끼리 총칼 같은 무력으로 싸우는 거예요.
3 한나절의 반.
7 대피하기 위한 길.

세로 길잡이

2 음식을 담은 그릇을 받치는 둥글거나 네모난 모양의 납작하고 넓은 물건.
4 예의를 갖추는 절차나 질서예요.
   ○○ 교육 시간에 절하는 법을 배웠어요. 비예법.
5 몸에 지니고 다니는 자그마한 수건.
   ○○○으로 눈물을 닦아요.
6 특별히 다른 것에 비하여 가장 앞서서 다룸.
   건강이 ○○○이야.
8 코에서 흘러나오는 피.

관계

둘이나 여러 가지가 서로 이어져 얽혀 있는 것.

낱말 퍼즐 1 단계

가로 길잡이

1. 숯, 석탄 등에서 나와요.
   숨을 쉬면 이산화○○가 배출돼요.
4. 쉬지 않고 피를 몸속 핏줄 곳곳으로 밀어내는 기관.
   좋아하는 친구를 보니, ○○이 쿵쿵 뛰어요.
   ○○병. ○○이 멈추었어요.

세로 길잡이

2. 윗옷의 좌우에 있는 두 팔을 꿰는 부분.
   여름엔 ○○가 짧은 옷을 입어요.
3. 피아노나 오르간에서 손가락으로 치는 부분.
   흰색과 검은색. 피아노 ○○을 쳐요. 비키보드.
4. 남의 시킴이나 부탁을 받고 해 주는 일.
   엄마 ○○○으로 마트에 다녀왔어요.

가로와 세로 길잡이 글을 잘 읽고 낱말 퍼즐을 완성해 보세요.

낱말 퍼즐 2단계

가로 길잡이

1. 잘 모르는 사물을 더듬어 살피며 조사함.
   화성 ○○ 우주선이 화성 표면을 조사해요.
2. 학교에서 학생들이 공부하는 책.
4. 생긴 모양새.
   일란성 쌍둥이라 ○○○가 똑같아요.
5. 동화에 나오는 사람 모습의 정령.

세로 길잡이

2. 학교에서 학생들을 가르치는 사람. 🕲선생님.
3. 규칙적인 차례나 그 원칙.
   차례차례 ○○를 지켜서 타요.
4. 생물이 살아가는 모양이나 상태.
   환경오염으로 ○○계가 파괴되었어요.
5. 요사이의 준말. 🕲근래. 요즘.

낱말 퍼즐 3 단계

가로 길잡이

1 몸은 황록색이고 날개는 황갈색인 메뚜기목 여칫과의 곤충.
   ○○는 더듬이와 뒷다리가 길어요.

4 검토하고 의논함.
   학급 회의 시간에 ○○를 했어요. 🔵토론.

세로 길잡이

2 이가 아프면 가는 병원.

3 노래나 악기 연주를 돕기 위해 옆에서 다른 악기를 연주하는 것.
   피아노 ○○에 맞춰서 노래를 불러요.

4 케첩을 만드는 빨간 열매.
   크림 스파게티보다 ○○○ 스파게티가 더 좋아!

가로와 세로 길잡이 글을 잘 읽고 낱말 퍼즐을 완성해 보세요.

낱말 퍼즐  4 단계

가로 길잡이

1 벼를 베어 묶은 단.
3 낱낱의 넓적한 잎.
  넓적한 떡갈나무 ○○○. 🅱️이파리.
5 일정한 지역에 살고 있는 사람.
  ○○들의 신고로 도둑을 잡았어요. 🅱️거주민.
7 처해 있는 사정이나 형편.
  놀부는 딱한 ○○의 흥부를 구박했어요.

세로 길잡이

2 가을에 단풍이 든 잎, 또는 단풍나무 잎.
4 뜻밖에 생긴 불행한 일. 교통○○.
6 알맞은 조치를 취함.
  사고에 잘 ○○하세요.

가로와 세로 길잡이 글을 잘 읽고 낱말 퍼즐을 완성해 보세요.

낱말 퍼즐 5단계

가로 길잡이

2 재앙을 막고 악귀를 쫓으려고 쓰는 종이.
○○에는 붉은 색으로 한자가 쓰여 있었어요.

3 다른 사람과 앞으로 일을 미리 정하는 거예요.
내일 만나기로 ○○했어요.

5 시원하게 불어오는 공기의 움직임.

6 괴상하게 생긴 물체.
○○이 나오는 무서운 영화를 봤어요.

세로 길잡이

1 돈이나 물건 따위를 대가 없이 내놓음.
우리가 모은 돈은 자선 단체에 ○○를 했어요.

4 끊이지 않고 잇따라. 🅱줄곧.

5 지구에서 육지가 아닌 짠물로 된 부분.

7 모양이 있고, 만질 수 있는 것들.
내 사물함에는 내 ○○을 두어요. 🅱사물.

가로와 세로 길잡이 글을 잘 읽고 낱말 퍼즐을 완성해 보세요.

낱말 퍼즐 6 단계

가로 길잡이

1 동그란 돈.
2 다섯 개의 선분으로 둘러싸인 평면 도형.
  이번에는 사각형과 ○○○을 그려 보아요.
5 제빗과의 새.
  놀부가 다리를 부러뜨린 동물의 이름.

세로 길잡이

1 나이가 많은 사람이 나이가 적은 사람을 이르거나 부르는 말. 🔵아우.
2 자정부터 낮 열두 시까지의 시간. 🔵오후.
3 한 물건에서 떨어져 나오거나 떼어 낸 작은 부분.
  과일 한 ○○만 주세요.
4 형과 아우를 아울러 이르는 말.
6 뜻밖의 긴급한 사태. ○○ 사태.

가로와 세로 길잡이 글을 잘 읽고 낱말 퍼즐을 완성해 보세요.

해답은 63쪽에

낱말 퍼즐 7 단계

가로 길잡이

1. 바닷속에 있다는 용왕의 궁전.
3. 어떤 지방이나 지역.
   고추가 많이 나는 ○○이 어디지? 🔵마을.
4. 긴 널빤지의 가운데를 괴어, 양쪽 끝에 사람이 타고 오르락내리락하는 놀이 기구.
6. 아홉 명의 두 팀이 9회 동안 공격과 수비를 번갈아 하는 경기. 공을 던지는 사람은 투수.

세로 길잡이

1. 무엇을 하거나 만들 때 쓰는 여러 도구. 미술 ○○.
2. 학교, 회사, 관청 등에 어떤 사실을 알리는 거예요. 경찰이 주민의 ○○를 받고 출동했어요.
5. 어떤 일이 일어나는 곳. 어디서 만날지 ○○를 알려 주세요. 🔵공간.
7. 가죽을 재료로 하여 만든 서양식 신. ○○를 닦아요.

가로와 세로 길잡이 글을 잘 읽고 낱말 퍼즐을 완성해 보세요.

낱말 퍼즐 8 단계

가로 길잡이

2 병이나 상처를 다스려 낫게 하는 거예요.
  의사 선생님이 ○○해 주셨어요.
3 시각, 청각, 후각, 미각, 촉각의
  다섯 가지 감각. 나는 ○○이 발달했어요.

세로 길잡이

1 어떤 것을 새로운 것으로 대신함. 정권을 ○○해요.
2 이를 치료하는 병원.
4 눈, 코, 귀, 혀, 피부로 자극을 알아차리는 거예요.
  개는 인간보다 코의 ○○이 발달했대요.
5 독이 있는 성질. 독버섯에는 ○○이 있어요.
6 허벅지와 종아리 사이에 앞쪽으로 둥글게 튀어나온
  부분. ○○ 보호대.
7 없어지거나 지나간 뒤 남은 자국, 자취.

가로와 세로 길잡이 글을 잘 읽고 낱말 퍼즐을 완성해 보세요.

해답은 63쪽에

균형

어느 한쪽으로 기울지 않고 고른 것.

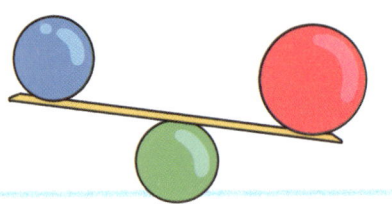

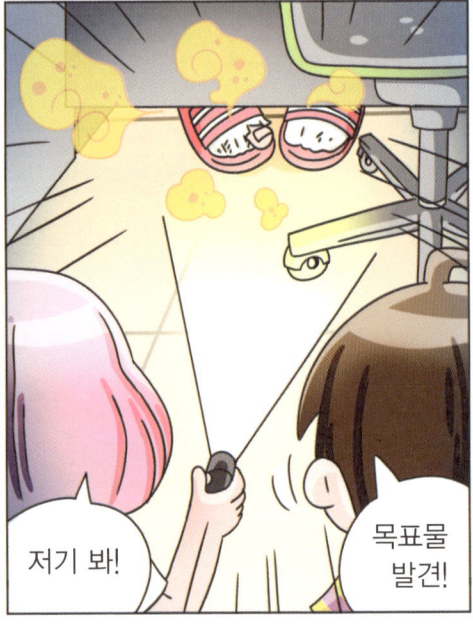

낱말 퍼즐 1단계

🔵 가로 길잡이

2 물 위나 공중으로 가볍게 떠오르는 모양.
  풍선이 하늘로 ○○○ 떠올라요.

4 사물의 바깥쪽이나 위쪽 부분.
  유리는 ○○이 차갑고 매끄러워요. 🔴겉면.

🔴 세로 길잡이

1 대소변을 보도록 만든 곳.
  오늘 떠든 사람, ○○○ 청소야!

3 감탄하는 말이나 글 끝에 쓰는 문장 부호.
  '!'의 이름. 🔴감탄 부호.

5 서로 다른 점.
  지구와 달의 공통점과 ○○○을 찾아봐요.

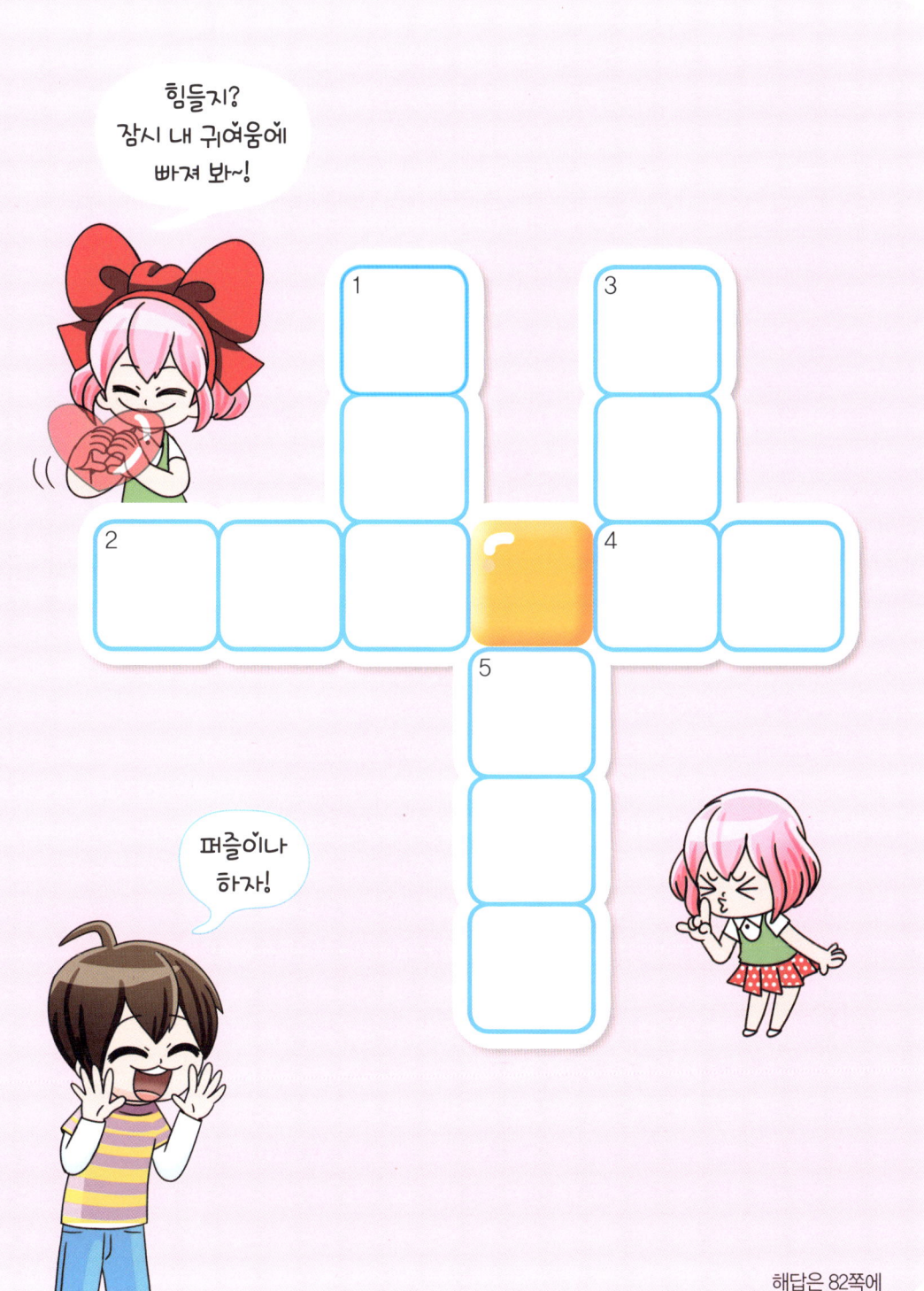

낱말 퍼즐 2 단계

가로 길잡이

1. 네모지거나 둥근 쇠 테두리에 철사를 그물처럼 엮어 만들어, 고기나 김 따위를 굽는 기구. ○○에 김을 구워요.
3. 밤에 반딧불처럼 반짝이며 나는 딱정벌레.
5. 농사를 짓는 시기. ㊉농한기.
6. 하늘과 땅 사이 텅 빈 곳.

세로 길잡이

2. 소에게 먹이려고 짚, 콩, 풀을 섞어 끓인 죽. ㊅쇠여물.
4. 마음에 들지 않아 못마땅함. ○○이 쌓이다.
5. 상대편 바스켓에 공을 던져 넣으면 점수를 얻는 경기.
7. 생활이나 행동, 목적을 같이하는 집단. 가족은 ○○○의 하나예요.

가로와 세로 길잡이 글을 잘 읽고 낱말 퍼즐을 완성해 보세요.

낱말 퍼즐 3단계

가로 길잡이

1 구리와 주석의 합금으로 만든 금속 기구.
  비파형동검은 ○○○ 유물이에요.

3 개의 새끼를 이르는 말.
  ○○○는 멍멍, 병아리는 삐약삐약!

5 다리가 세 쌍, 날개, 더듬이가 있는 동물.
  메뚜기, 귀뚜라미, 파리는 ○○이에요.

세로 길잡이

2 칙칙폭폭 철길로 다니는 긴 차.
  ○○를 타고 수학여행을 가요. 🅑기관차.

4 안부나 소식을 써 보내는 글.
  군대에 간 삼촌께 ○○를 써요.

가로와 세로 길잡이 글을 잘 읽고 낱말 퍼즐을 완성해 보세요.

낱말 퍼즐 4 단계

가로 길잡이

2 손목이나 무릎 등 몸을 보호하려고 차는 것.
  무릎 ○○○를 차고 인라인스케이트를 타요.

7 찌거나 구워서 먹는 길쭉한 자주색 뿌리.
  겨울에는 군○○○가 잘 팔려요.

세로 길잡이

1 널리 알리는 것을 이르는 말.
  신제품 ○○에 열을 올렸어요.

3 축구나 핸드볼 경기에서, 골문 양쪽 기둥.

4 사물이 가지고 있는 고유의 특성.
  소금은 짠맛이 나는 ○○이 있어요. ⓑ성분.

5 "옳거니!" "잘한다!" 등 남의 말에 호응하거나
  덩달아 동의하는 일. ⓑ맞장단.

6 자, 저울, 온도계에 길이나 양 등을 나타내는 금.
  이 자는 ○○이 정확하지 않아요.

가로와 세로 길잡이 글을 잘 읽고 낱말 퍼즐을 완성해 보세요.

낱말 퍼즐 5단계

가로 길잡이

2 흙을 빚어서 구운 것. 이것을 빚는 사람을 도공이라고 해요.

4 말이나 글의 뜻.
이 속담의 ○○를 알겠니? 🔁의의.

6 손바닥과 손가락을 합친 전체 바닥.
아기가 짝짝짝 ○○을 쳐요!

세로 길잡이

1 햇볕을 받으면 생기는 검은 그늘. 밤에는 사라져요.
해가 기울수록 ○○○가 길어져요.

2 칼로 음식 재료를 썰 때 밑에 받치는 것.

3 목과 다리가 길고 이마 양쪽에 짧은 뿔이 있는 동물.

5 머리를 파마, 커트 하는 가게. 🔁미장원.

6 손금이 새겨진 손의 안쪽.

가로와 세로 길잡이 글을 잘 읽고 낱말 퍼즐을 완성해 보세요.

해답은 83쪽에

낱말 퍼즐 6단계

가로 길잡이

1 즐기기 위해서 하는 일.
   엄마는 ○○로 그림을 그리십니다.
4 경기에서 먼저 온 사람을 가리려고 그은 선.
6 바늘처럼 뾰족하게 돋친 것.
   생선 ○○. 🔵침.

세로 길잡이

2 앞으로 올 때. 과거, 현재, ○○. 🔵앞날.
3 사물이나 어떤 일이 서로 이어져 있거나 관계를 맺음.
   고리를 ○○해 보세요.
5 물을 머금어서 볼 안을 깨끗이 씻는 거예요.
   밥을 먹고 나면 ○○○을 하자.
7 다른 생각에 방해받지 않고 한 가지 일에 모든 힘을
   쏟아부음. 🔵몰입.

가로와 세로 길잡이 글을 잘 읽고 낱말 퍼즐을 완성해 보세요.

낱말 퍼즐  7 단계

🔵 가로 길잡이

2 밥에 당근, 고기, 감자 등을 넣고 볶은 밥.
4 보석이나 진주, 유리 등을 둥글게 만든 거예요.
　○○을 꿰어 목걸이를 만들었어요.
6 여러 요소가 짜맞추어 이룸. 조직이나 구성.
　이 옷감은 ○○이 촘촘하다.
7 등에 검은 줄이 있고, 나무를 잘 타요.

🔴 세로 길잡이

1 불쾌하고 시끄러운 소리.
　공사장 ○○ 때문에 머리가 아파요.
3 수증기가 찬 물체에 부딪히면 엉기어 생기는 물방울.
　풀잎에 ○○이 맺혔다.
5 거짓이나 꾸밈이 없는 거예요.
　○○와 가짜. 🅱정말.
8 인간과 같은 뜻의 말. 사회를 이루어 사는 동물.

가로와 세로 길잡이 글을 잘 읽고 낱말 퍼즐을 완성해 보세요.

낱말 퍼즐 8 단계

가로 길잡이

1 마주 대하여 이야기를 주고받는 거예요.
  친구와 ○○를 나누었어요.
3 해가 서쪽으로 넘어가는 일이나, 그런 때.
  놀이터에서 놀다가 ○○○에 집에 갔어요.
7 문장의 끝에 쓰는 문장 부호 '.'의 이름.

세로 길잡이

2 싸움을 멈추고 서로 화난 마음을 푸는 거예요.
4 땅을 기름지게 하려고 주는 물질. 🔵비료.
5 동해 독도 옆의 섬. 오징어와 호박엿이 유명.
  ○○○ 동남쪽 뱃길 따라 이백리.
6 어떤 내용을 알려 주거나 소개하는 그림.
  박물관의 ○○○를 먼저 보자.
8 콜록콜록. 목감기의 주된 증상 가운데 하나예요.

기준

여러 가지 중에서 기본이나 중심이 되는 것.

낱말 퍼즐 1단계

가로 길잡이

1. 운동 경기에 나가는 사람.
   축구는 11명의 ○○가 팀을 이뤄요.
   국가대표 ○○의 꿈은 금메달을 따는 거래요!
4. 가치 있는 귀중한 물건.
   할머니는 내가 우리 집 ○○이래요. 🔵비 보배.

세로 길잡이

2. 초록색에 검은 세로 줄무늬가 있는 둥근 여름 과일.
   속은 빨개요.
3. 물건의 무거운 정도. 지구가 물건을 끌어당기는
   힘의 크기를 말해요. 저울로 ○○를 재요.
4. 물건을 싸서 들 수 있게 만든 네모난 천.
   ○○○를 풀어 보면 선물이 들어 있어.

가로와 세로 길잡이 글을 잘 읽고 낱말 퍼즐을 완성해 보세요.

낱말 퍼즐 2단계

가로 길잡이

1. 그림이나 사진을 모아 엮은 책.
   식물○○에서 들꽃 이름을 찾았어요.
2. 옷을 차려 입은 모양. 비복장.
   ○○○을 보니 유치원생 같아요.
4. 날씨를 관측하고 예보하는 기관.
   ○○○에서 내일은 비가 온다고 해요.

세로 길잡이

2. 옷을 짓는 천. 세탁을 잘못해 ○○이 상했다.
3. 짐작해서 헤아림. 또는 그런 셈.
4. 꺼리거나 싫어하며 피함.
   동생은 매운 음식을 ○○해요.
5. 각 시의 일을 맡아보는 기관. 서울 ○○.

가로와 세로 길잡이 글을 잘 읽고 낱말 퍼즐을 완성해 보세요.

낱말 퍼즐 3 단계

가로 길잡이

1 주둥이가 뾰족한데 꼬리는 굵고 긴 동물.
  교활한 사람을 흔히 ○○에 비유해요.

4 완결된 내용을 가지고 있는 최소한의 글.
  ○○의 끝에는 마침표를 찍어요.

세로 길잡이

2 큰 물방울들이 찬 기운을 만나 하늘에서 떨어지는 얼음덩어리.
  ○○이 마구 쏟아졌다.

3 어떤 일을 하는 데 드는 돈.
  선물을 살 ○○을 마련했어요.

4 학용품과 사무용품을 파는 가게.
  ○○○에서 공책과 연필을 샀어요. 비문구점.

가로와 세로 길잡이 글을 잘 읽고 낱말 퍼즐을 완성해 보세요.

해답은 102쪽에

낱말 퍼즐 4 단계

가로 길잡이

1 살림이나 처지가 어려운 거예요.
  ○○한 이웃을 도웁시다.
3 깊이 생각하거나 조심하지 않고 내키는 대로 마구.
  꽃을 ○○○ 꺾지 마세요.
5 부분이나 요소들을 조화롭게 조합하는 일.
  이 그림은 ○○이 뛰어나네요! 비짜임새.
7 어떤 사물의 한가운데.

세로 길잡이

2 우편물을 넣도록 벽이나 대문 옆에 달아둔 상자.
  편지가 왔나, ○○○을 살펴보았어요.
4 전체를 몇 개로 나눈 것의 하나.
  이 만화는 마지막 ○○이 통쾌해요. 비일부.
6 높여서 귀중하게 대하는 거예요.
  어린이의 인권을 ○○합시다.

가로와 세로 길잡이 글을 잘 읽고 낱말 퍼즐을 완성해 보세요.

해답은 102쪽에

낱말 퍼즐 5단계

가로 길잡이

2 그림 · 조각 · 건축 · 공예 · 서예 따위.
  ○○ 시간에 그림을 그렸어요.
3 아들이나 딸의 아들. 할머니가 ○○를 안아 주어요.
  손녀 말고 ○○.
5 물건 거죽에 있는 문양. 꽃○○가 있는 공책. 비)문양.
6 겉으로 나타나는 생김새나 모습.
  별 ○○을 그려 보세요.

세로 길잡이

1 많은 물건이 한데 쌓여 있는 큰 덩어리. 흙○○.
4 땅속에서 캐고 동글동글해요. 찐 ○○, ○○ 튀김.
5 음악에 맞춰 율동을 하면서 감정과 생각을
  표현하는 예술. 비)춤.
7 천으로 만들어 발에 신는 것. ○○ 세 켤레.

낱말 퍼즐 6 단계

가로 길잡이

1 뿌리를 단위로 해서 풀을 세는 말.
 배추 한 ○○. 풀 한 ○○.
2 둘 이상 여럿 사이에 두루 통하는 점.
 철수와 나는 ○○○이 많다. ❷차이점.
5 얼굴이나 몸을 닦는 천 조각. ❸타월.

세로 길잡이

1 산 채로 잡은 적. ○○로 잡혀가다.
2 눈에는 보이지 않지만, 우리가 들이마시고
 내쉬는 거예요. 신선한 ○○를 마시다.
3 차, 배, 기차, 비행기로 사람이나 짐이 오고 가는 일.
 시골은 ○○이 불편해요.
4 성적을 나타내는 숫자. 국어 ○○.
6 사람이 살거나 일하거나 물건을 보관 하기 위해
 지어진 집. 대체로 지붕과 기둥, 벽이 있어요.

가로와 세로 길잡이 글을 잘 읽고 낱말 퍼즐을 완성해 보세요.

낱말 퍼즐 7단계

가로 길잡이

1. 뜻밖에 일이 잘되고 운이 좋음.
   넘어졌지만 다치지 않아 ○○이구나. **반**불행.
3. 아직 찾아내지 못했거나 알려지지 않은 물건이나 사실을 찾아냄. 밭에서 보물을 ○○했어요.
4. 가사에 곡을 붙여 부르는 것. ○○를 부르다.
6. 얼굴의 눈썹 위부터 머리털 밑까지 부분.

세로 길잡이

1. 점수가 매겨져 있는 원반 모양의 과녁에 화살을 던지는 놀이. ○○를 같이 하자.
2. 깃대에 달린 천이나 종이. ○○이 펄럭이다.
5. 잘게 부스러진 돌 부스러기. 사막, 해수욕장에 많아요. 흰 ○○가 깔려 있다.
7. 여러 집이 모여 있는 곳. **비**동네.

가로와 세로 길잡이 글을 잘 읽고 낱말 퍼즐을 완성해 보세요.

해답은 103쪽에

낱말 퍼즐 8 단계

가로 길잡이

2 옳고 그름과 선악을 판단하는 도덕적 의식.
  몰래 쓰레기를 버리다니 ○○이 없구나!
3 음악에 맞춰 몸을 움직이는 거예요.
  체육 시간에 ○○을 배웠어요.

세로 길잡이

1 수나 양이 가장 큼.
  고속 열차가 ○○ 속도로 달려가요. 반최소.
2 볕이 바로 드는 곳. 반음지.
4 몸이나 손발을 움직이는 거예요.
  축구 선수가 날쌘 ○○으로 패스를 했어요.
5 여러 가지 상품을 사고파는 곳.
  야채를 사러 ○○에 갑니다. 비장.
6 숨바꼭질할 때, 숨은 아이들을 찾아내는 아이.
7 어떤 일을 하고 얻어지는 좋은 결과나 만족감.

가로와 세로 길잡이 글을 잘 읽고 낱말 퍼즐을 완성해 보세요.

비교

여러 가지를 견주어 공통점, 차이점을 알아보는 것.

낱말 퍼즐 1단계

가로 길잡이

2 아는 것을 바탕으로 모르는 것을 미루어 생각함.
   셜록 홈스는 ○○를 잘해요. ㈐추론.

4 기와로 지붕을 올린 집.
   한옥 마을에서 멋진 ○○○을 보았어요.

세로 길잡이

1 한복 윗옷의 하나.
   바지, 치마 말고 ○○○.

3 연한 살코기를 양념에 재워서 구운 음식.
   오늘 저녁은 ○○○를 구워 먹자.

5 자동차나 비행기에 사고가 났을 때 충격으로부터
   사람을 보호하기 위해 사람을 좌석에 고정하는 띠.
   ㈐안전벨트.

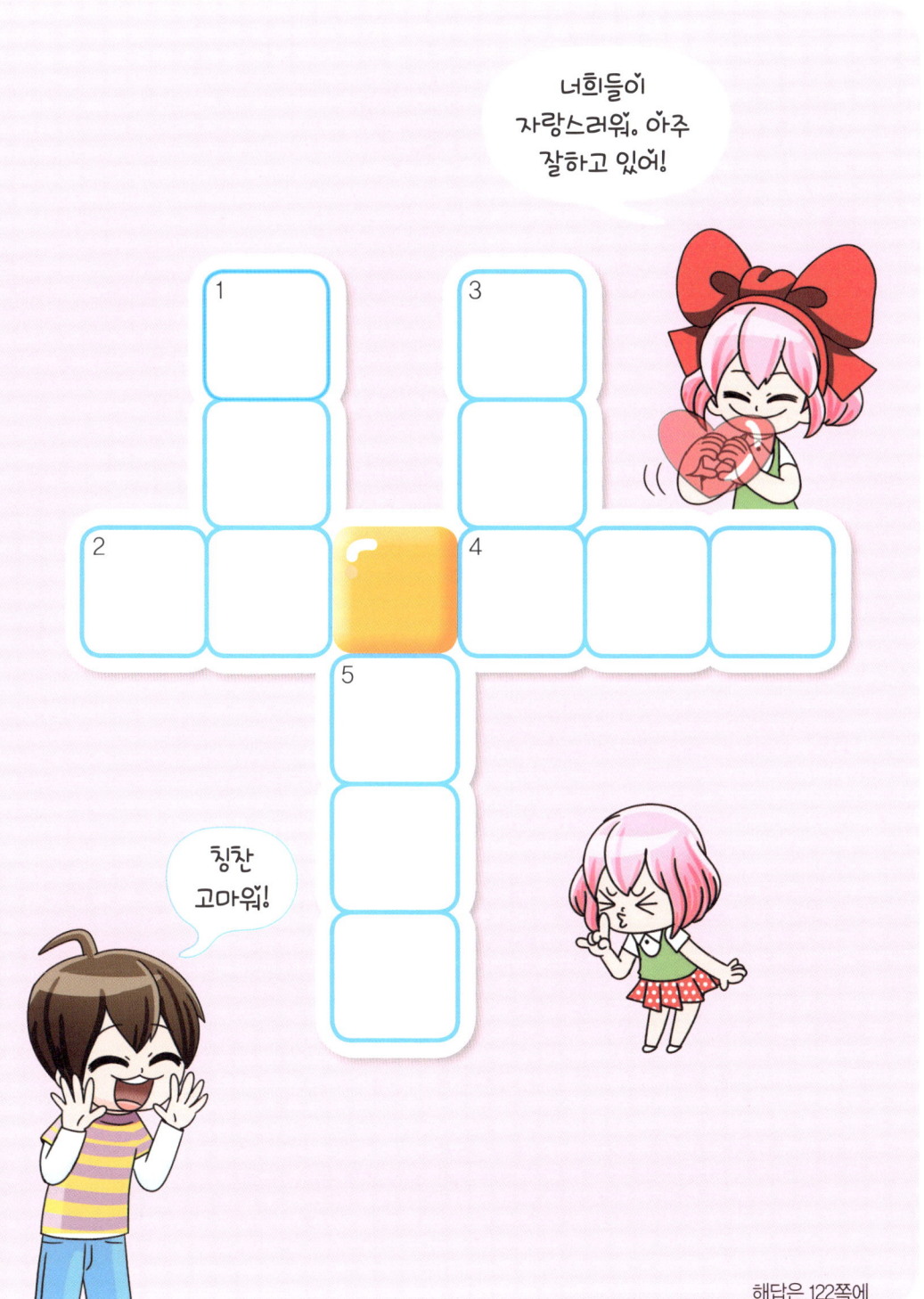

낱말 퍼즐  단계

가로 길잡이

1. 농사지을 땅과 농기구, 가축 등을 갖춘 곳. 식물을 가꾸거나 동물을 기르는 사업을 해요. 동물 ○○.
3. 겨울을 남. 🔵월동.
   곰들은 겨울잠을 자며 ○○○○에 들어갔다.
5. 피곤할 때 몸을 쭉 펴고 팔다리를 뻗어요.
6. 비어 있는 곳. 거실 한쪽 ○○에 화분을 놓았어요.

세로 길잡이

2. 목이 길게 올라오는 신발. 🔵부츠.
4. 먹는 풀이나 나뭇잎을 통틀어 이르는 말.
   냉이 ○○. 도라지 ○○.
5. 미리 정한 시기.
   이 표는 ○○이 지났어요. 🔵마감.
7. 식사 시간 외에 먹는 음식.
   엄마, ○○ 주세요.

가로와 세로 길잡이 글을 잘 읽고 낱말 퍼즐을 완성해 보세요.

낱말 퍼즐 3단계

가로 길잡이

1 늦가을에 식물 잎이 빨강, 노랑, 갈색으로 변하는 것. ○○ 구경을 가다.
3 여섯 개의 면에 각각 1부터 6까지 점을 새긴 것. ○○○를 던지다.
5 어떤 기준으로 나눈 일정한 기간. 조선 ○○. 삼국 ○○.

세로 길잡이

2 산, 강, 바다 같은 자연이나 멀리 내다보이는 전경, 어떤 지역의 모습. 자연 ○○이 아름답다. 비경치.
4 길이, 무게, 수, 시간 등을 세는 기준. '미터'는 길이의 ○○예요.

가로와 세로 길잡이 글을 잘 읽고 낱말 퍼즐을 완성해 보세요.

낱말 퍼즐 4 단계

가로 길잡이

2 직선을 고르게 칸을 나눠 수를 적어 놓은 선.
   ○○○을 그어 보세요.

7 복지를 담당하기 위해 지은 건물.
   ○○○에서 붓글씨 강좌가 열려요.

세로 길잡이

1 돌아오는 차례의 수. 지각하는 ○○가 늘었구나.

3 얇은 고무주머니로 공기를 넣으면 부풀어 올라요.
   고무 ○○을 불었어요.

4 어떤 일을 하는데 전혀 관계없는 행동을 하다. 밥 먹자는데 ○○을 피워요. ○○을 부리다. 🔵딴전.

5 남은 부분, 또는 남은 수.
   생활비를 제외한 ○○○는 저축한다. 🔵여분.

6 발로 밟거나 눌러 기계를 움직이는 판. 자전거 ○○.

가로와 세로 길잡이 글을 잘 읽고 낱말 퍼즐을 완성해 보세요.

낱말 퍼즐 5단계

가로 길잡이

2 멀리 있는 사람과 이야기할 수 있는 기계.
  ○○○가 따르릉 울린다.
4 사람이 사는 모든 사회. 🔵세계.
6 풀이 나 있는 드넓은 들판. 푸른 ○○을 달려 보자.

세로 길잡이

1 풍습이나 생활을 주제로 그린 그림. 김홍도가 대표적.
2 옛날부터 민간에 전해 내려오는 이야기.
  이 연못에는 전해 내려오는 ○○이 있어요. 🔵신화.
3 마음이 좋고 나쁜 느낌.
  날씨가 좋으니 내 ○○이 좋아요.
5 서로 마주하는 맞은편 사람.
  대화할 때는 ○○○ 말을 잘 들어요. 🔵상대방.
6 초대하는 글을 적어서 보내는 편지.

가로와 세로 길잡이 글을 잘 읽고 낱말 퍼즐을 완성해 보세요.

낱말 퍼즐 6 단계

가로 길잡이

1 일정한 시기부터 다른 시기까지의 사이.
   오빠는 시험 ○○에 도서관에 가요.
4 서로 반대되는 뜻의 두 문장을 이어줄 때 쓰는 말.
   우리 팀이 졌다. ○○○ 실망하지 말자.
   🅱그러나.
6 전쟁이나 싸움에 쓰는 기구. 🅱병기.

세로 길잡이

2 간지러운 느낌. ○○○을 태웠어요.
3 좋은 일을 기뻐하는 뜻으로 하는 인사.
   생일 ○○해!
5 고무로 만들어 잘 늘어나는 줄.
7 책을 사고파는 가게.
   ○○에 가서 책을 골라요. 🅱책방.

가로와 세로 길잡이 글을 잘 읽고 낱말 퍼즐을 완성해 보세요.

낱말 퍼즐 7단계

가로 길잡이

2. 학생을 가르치는 사람. 비교사.
5. 사물의 이치를 빨리 깨닫고 처리하는 정신적 능력.
   사또의 ○○로 억울함을 풀었어요. 비슬기.
6. 주스, 사이다, 물 등 마시는 것을 이르는 말.
   목이 말라 ○○○를 마셨어요.

세로 길잡이

1. 어떤 일이나 사물이 생겨남.
   화재가 ○○했습니다.
3. 두 개의 날이 맞닿아 천이나 종이를 자르는 도구.
   ○○와 풀이 필요해.
4. 두 다리를 가랑이에 꿰는 옷. 치마 말고 ○○.
7. 물건을 만드는 데 들어가는 것들.
   김치를 만드는 데 필요한 ○○를 준비해요.

가로와 세로 길잡이 글을 잘 읽고 낱말 퍼즐을 완성해 보세요.

낱말 퍼즐 8단계

가로 길잡이

1 아래서 위까지 높은 정도.
  이 산은 ○○가 얼마나 돼요? 🔵고도.
3 불이 나지 않게 조심하는 거예요.
7 기자가 취재를 위해 어떤 사람을 만나 나누는 이야기.
  영화 주인공을 ○○○ 했어요. 🔵면접, 회견.

세로 길잡이

2 잘 때 덮는 것으로, 솜을 넣기도 해요. 🔵요.
4 마음을 굳게 정하는 거예요.
  '게임은 1시간만 해야지!' 하고 ○○했어요. 🔵결의.
5 나무나 철봉을 서로 엇갈리게 걸어서 오르내리게 만든 운동 기구. 놀이터에 있는 ○○○에 올라갔다.
6 붓글씨를 쓰거나 그림을 그리는 한지의 한 종류.
  깨끗한 ○○○에 먹물이 스며들다.
8 빈 땅. 아이들이 ○○에서 축구를 하고 있어요.

가로와 세로 길잡이 글을 잘 읽고 낱말 퍼즐을 완성해 보세요.

정답

1단계

저 불
고 고
추리 □ 기와집
  안
  전
  띠

2단계

  농 장
    화
겨울나기 기지개
    물   한
    공간식

3단계

단 풍   시 대
  경   □
  □   단
  주 사 위

4단계

횟 풍
수 직 선
딴 나 페
청 머 달
복 지 관

분류
사물을 종류에 따라 가르는 것.

낱말 퍼즐  단계

가로 길잡이

1 남이 하는 말이나 행동을 따라함.
   🔵시늉.

4 눈으로 보고 인식하는 능력.
   ○○이 나쁘면 안경을 써야 해!

세로 길잡이

2 말이나 글, 그림에 들어 있는 이야기. 그런 것들로 전하고자 하는 것.
   이 글의 중심 ○○은 무엇이니?

3 자신의 이름을 써넣은 것.
   이름 옆에 ○○하세요. 🔵사인.

4 시간을 나눠 할 일을 적어 놓은 표.
   수업 ○○○.

가로와 세로 길잡이 글을 잘 읽고 낱말 퍼즐을 완성해 보세요.

해답은 142쪽에

낱말 퍼즐 2단계

가로 길잡이

1 깃대에 단 천이나 종이.
  ○○이 바람에 펄럭여요.
2 길이 네 방향으로 갈라진 곳.
  학교 앞 ○○○에서 사고가 났어요. 🔵네거리.
4 저녁 끼니로 먹는 밥. 🔵석식.
5 연두색보다 더 짙은 색. 여름 나뭇잎 색깔.

세로 길잡이

2 사기로 만든 국그릇이나 밥그릇.
3 이치에서 벗어나지 않게 생각하고 추리하는 것.
  논술은 ○○적인 사고 능력을 길러요.
4 해가 질 무렵부터 밤이 되기까지의 사이. 🟠아침.
5 식초와 소금을 친 흰밥을 뭉친 뒤 고추냉이와
  생선을 얹어 만드는 일본 음식.

낱말 퍼즐 3 단계

가로 길잡이

1 학식은 있지만 벼슬은 하지 않은 사람.
  김 ○○는 과거를 보러 한양으로 길을 떠났어요.
3 볕이 잘 들지 않는 그늘진 곳. 🅱️응달.
4 책을 읽음.
  가을은 ○○하기 좋은 계절이다.

세로 길잡이

2 자음 'ㅂ'의 이름.
3 달이 지구를 한 바퀴 도는 시간을 기준으로 만든 역법. 나는 양력이 아닌 ○○으로 생일을 지내. 🅱️태음력.
4 부리와 발톱이 크고 날카로운 매와 비슷한 새. 대머리 ○○○.

가로와 세로 길잡이 글을 잘 읽고 낱말 퍼즐을 완성해 보세요.

해답은 142쪽에

낱말 퍼즐 4단계

가로 길잡이

1 곡을 구성하는 기본적인 단위. ○○에 맞춰 노래를 부른다. ○○가 빠르다. 🔵리듬.
3 거미가 뽑아낸 줄이나 그 줄로 만든 그물. ○○○에 걸린 나방.
5 몸의 힘. 운동을 해서 ○○을 키워요.
7 윗사람이 아랫사람에게 무엇을 하게 시킴. 임금님이 신하들에게 ○○을 내려요. 🔵명.

세로 길잡이

2 두 발로 바퀴를 돌리면 앞으로 가는 탈것. 아빠와 공원에서 ○○○를 탔어요.
4 들어가면 나올 길을 쉽게 찾을 수 없는 곳. ○○에 빠진 사건. 🔵미로.
6 어떤 것을 잘 알 수 있게 밝혀 말함. 선생님께서 자세히 ○○해 주셨어요.

가로와 세로 길잡이 글을 잘 읽고 낱말 퍼즐을 완성해 보세요.

낱말 퍼즐 5단계

가로 길잡이

2. 실제 사물을 본떠 그 모양 그대로 만든 물건.
   음식점 앞에 전시된 ○○이 더 맛있어 보여!
3. 하늘에 솜처럼 둥둥 떠 있어요.
   ○○ 한 점 없는 파란 하늘.
5. 얇고 예쁜 날개를 펴고 훨훨 날아다니는 곤충.
6. 무늬의 생김새. 연꽃 ○○이 새겨진 도자기. 🅱무늬.

세로 길잡이

1. 아빠의 누나나 여동생.
4. 원이나 공처럼 둥글게 생긴 물체에서, 중심을 지나서 바깥 테두리 두 점에 닿는 선을 말해요. 원의 반○○.
5. 사람이나 생물이 태어나 살아온 햇수.
   언니는 나보다 ○○가 많아요. 🅱연령.
7. 이를 닦고 물로 입안을 가시는 거예요.

낱말 퍼즐 6 단계

 가로 길잡이

1 틀을 이루는 부분. 또는 물체의 바닥.
   도화지의 흰 ○○을 파란색으로 칠하렴.
2 큰길에서 들어가 동네 안으로 통하는 좁은 길.
   ○○○에서 숨바꼭질을 했어요.
5 어떤 일이 생긴 까닭이나 근거.
   동생이 우는 ○○를 모르겠어요. 🅱️원인.

 세로 길잡이

1 돌리거나 굴리려고 둥글게 만든 물건. 자전거 ○○.
2 한꺼번에 되게 당하는 손해나 곤란.
3 여러 종류에 따라 나눈 항목.
   올림픽은 여러 ○○의 경기가 있어요.
4 한끝에서 다른 한끝까지의 거리. ○○가 길다.
6 특정한 행동 양식이 일시적으로 많은 사람의 추종을 받아서 널리 퍼짐. ○○이 지난 옷.

가로와 세로 길잡이 글을 잘 읽고 낱말 퍼즐을 완성해 보세요.

낱말 퍼즐 7단계

🔵 가로 길잡이

1 곡식이나 채소의 씨. 밭에 ○○을 뿌렸어요.
3 사물이나 일이 놓여 있는 형편이나 모양. 얼음은 물이 언 고체 ○○예요. 건강 ○○가 양호하다.
4 물건을 차려 놓고 파는 집. 과일 ○○. 🔵비상점.
6 나누어진 것을 하나로 합치는 거예요. 우리의 소원은 남북 ○○.

🔴 세로 길잡이

1 샅바를 잡고 먼저 넘어뜨리면 이기는 경기.
2 글을 읽거나 공부할 때 쓰는 상. 사무용 ○○.
5 등에 지고 짐을 실어 나르는 운반 도구. 나무꾼이 ○○를 지고 가요.
7 일하는 손. 농촌에서 농번기에는 ○○이 필요해요.

낱말 퍼즐 8단계

가로 길잡이

2 살아가기 위해 일정한 기간 동안 계속해서 하는 일.
  어른이 되면 ○○을 가지고 돈을 벌어요.
3 사람들이 모여 이루는 집단.
  가정, 지역, 나라는 ○○의 단위예요.

세로 길잡이

1 별이 반짝이는 빛.
  시골에서는 ○○이 더욱 밝게 보여요.
2 사람들이 직업을 가지고 일하는 곳. 비일터.
4 물건을 만들거나 팔아서 이익을 내는 조직.
  사장과 직원. 아빠는 ○○에 가셨어요.
5 세종 대왕이 만든 글자. ○○을 깨치다.
6 어떤 일이나 상황을 어림잡아서 헤아림.
  내 ○○이 맞았어요.
7 남이 알지 못하게 드러내지 않고 숨기는 일.

가로와 세로 길잡이 글을 잘 읽고 낱말 퍼즐을 완성해 보세요.

정답

1단계
- 1 흉내
- 2 내용
- 3 서명
- 4 시력
- 시간표

2단계
- 1 깃발
- 2 사거리
- 3 논
- 4 저녁밥
- 5 초록

3단계
- 1 선비
- 2 비읍
- 3 음지
- 음력
- 4 독서
- 수리

4단계
- 1 박자
- 2 자전거
- 3 거미줄
- 4 미궁
- 5 체력
- 6 설명
- 7 명령

상징
형태가 없는 것을 기호나 물건으로 나타냄.

여기 숨자.
창고♥
응.
불을 켜 볼까?
팍
불쑥
귀신을 물리치는 십자가!
-은 혜-
받아랏
흡혈귀가 두려워하는 마늘!
장난하지 말라니까!
으앙
상징이 하나도 안 먹혀! 빨리 탈출하자!

낱말 퍼즐  단계

가로 길잡이

2. 양이나 수치가 줄어듦.
   해마다 인구가 ○○하고 있어요.
4. 올챙이가 커서 되는 동물. 개굴개굴 울어요.
   비가 오면 냇가에서 ○○○가 울어요.

세로 길잡이

1. 음식을 통해 먹는 몸에 이로운 것들.
   ○○○가 풍부한 음식을 먹고 쑥쑥 커요.
3. 대기 중의 물방울이 햇빛에 보이는 일곱 빛깔 띠.
   구름 사이로 ○○○가 나타났다.
5. 이야기하는 것과 상관없는 생각.
   공부 시간에 ○○○을 하면 안 돼.

가로와 세로 길잡이 글을 잘 읽고 낱말 퍼즐을 완성해 보세요.

해답은 164쪽에

낱말 퍼즐 2단계

🔵 가로 길잡이

1. 인류 문명 이전의 자연 그대로 상태.
   ○○인들이 살던 곳.
3. 눈에 보이지 않을 정도로 작은 먼지.
6. 줄지어 앞으로 나아가는 거예요.
   수많은 사람들이 연등을 들고 ○○했어요.

🔴 세로 길잡이

2. 도시에서 떨어져 있는 곳이나 마을.
   도시를 떠나 ○○에서 평화롭게 살고 있어요.
4. 시간이나 순서에서 앞선 때.
   쌍둥이 형은 나보다 1분 ○○ 태어났어요.
5. 두 물건이나 장소가 떨어진 길이.
   ○○는 500미터이다.
7. 의사가 환자의 병이나 증상을 살피는 거예요.

낱말 퍼즐 3 단계

가로 길잡이

1. 보기 좋게 여러 가지를 조화롭게 배치하는 짜임새.
   멋진 사진을 찍으려면 ○○를 잘 잡아야 해요.
3. 고모의 남편.
   고모와 ○○○가 할아버지 댁에 오셨다.
4. 생김새나 모양.
   오뚝이는 ○○가 눈사람을 닮았어요.

세로 길잡이

2. 시골과 달리 건물, 차, 사람이 많은 지역.
   시골에서 ○○로 이사 왔어요.
5. 조직이나 단체에서 책임을 맡거나 지도하는 사람.
   학생들이 학생회의 ○○를 뽑았어요.

낱말 퍼즐 4단계

가로 길잡이

2. 물체의 모가 진 가장자리.
   아야! 책상 ○○○에 무릎을 찧었어요.
7. 맨손으로 상대의 어깨를 1초 동안 바닥에 닿게 하면 이기는 경기. 경기 방식에 따라 그레코로만형과 자유형이 있어요. ○○○ 종목에서 금메달을 땄다.

세로 길잡이

1. 네 개의 모, 또는 네 선분으로 둘러싸인 도형.
3. 동물들의 꽁무니나 몸 끝에 나온 부분.
   생쥐는 ○○가 길어요.
4. 경포대와 오죽헌이 유명한 강원도의 도시.
   신사임당은 ○○ 오죽헌에서 태어났어요.
5. 은으로 만든 구슬.
6. 중국 사막에서 불어오는 누런 모래.
   봄철에는 ○○가 심해요.

가로와 세로 길잡이 글을 잘 읽고 낱말 퍼즐을 완성해 보세요.

낱말 퍼즐 5 단계

가로 길잡이

2 구겨진 천을 다리는 도구. ○○○로 곱게 다렸다.
4 흐물흐물한 몸통, 빨판이 많은 8개의 발.
  ○○ 다리를 먹었다.
6 그림이나 장식이 인쇄된 것으로 간단한 내용을 적을 수 있는 종이. 크리스마스 ○○를 만들어요.

세로 길잡이

1 소리가 산이나 절벽 같은 어떤 물체에 부딪혀 되돌아 울려 퍼지는 현상. 🗘산울림
2 하겠다는 마음과 뜻을 굳게 정함. 🗘결심.
3 여러 갈래로 갈라져 한번 들어가면 빠져나오기 어려운 길. 얘들아, ○○ 찾기 하자! 🗘미궁.
5 자기를 낳아 준 사람. 아버지, ○○○ 감사합니다.
6 사진을 찍는 기계. 우리말은 사진기.

가로와 세로 길잡이 글을 잘 읽고 낱말 퍼즐을 완성해 보세요.

낱말 퍼즐 6 단계

가로 길잡이

1. 쓸 만한 가치. 또는 쓰일 곳.
   ○○ 없는 물건은 버리렴.
4. 어떤 일이 있은 그다음의 날.
   ○○○ 아침이 되자 비가 그쳤어요. 비다음날.
6. 빛이 밝지 않고 어두운 상태.
   ○○이 걷히고 새벽이 왔어요.

세로 길잡이

2. 자기 나라의 말. 태어나서 처음 배운 언어.
3. 동물이 살아가기 위해 먹어야 하는 거예요.
   사자가 ○○를 찾아 어슬렁대요.
5. 크게 뭉쳐서 이루어진 것. 진흙 ○○○. 비덩이.
7. 여럿 가운데에서 가장 뛰어난 것. 첫째가는 것.
   동물들 중 ○○은 호랑이예요.

낱말 퍼즐 7단계

가로 길잡이

2 궁궐에서 임금의 식사를 만들던 부엌.
   ○○○에서 임금님이 드실 수라상을 차렸어요.
4 한낮과 한밤. ○○는 24시간.
6 김 위에 밥을 펴고 당근, 시금치, 계란 지단 등을
   넣고 말아서 썬 음식. 소풍갈 때는 ○○이 딱이죠!
7 학교에서 운동을 할 수 있는 넓은 마당.
   ○○○에서 피구를 해요.

세로 길잡이

1 국민들이 살아가는 곳. 비국가.
3 딱딱한 것을 잘게 부수거나 갈아서 만든 것.
   밀○○. 설탕 ○○.
5 입에서 나오는 하얀 김. 유리창에 ○○을 불다.
8 몸을 움직여 행동하는 거예요.
   활발히 봉사 ○○을 해요.

가로와 세로 길잡이 글을 잘 읽고 낱말 퍼즐을 완성해 보세요.

낱말 퍼즐 8단계

가로 길잡이

1 서로 똑바로 향하여.
  서로 얼굴을 ○○ 보세요.
3 서로 같지 않고 다른 점. 반공통점.
7 펌프질을 할 때 물을 끌어올리려고 위에서 붓는 물.
  펌프로 물을 퍼 올리려면 ○○○이 필요하다.

세로 길잡이

2 자동차를 세워 둠. 비정차.
4 좋거나 잘하는 점. 반단점.
5 전자 회로를 이용해 자동으로 계산이나 데이터, 영상 정보를 처리하는 기계. ○○○로 숙제를 해요.
6 생물이 자리를 잡고 사는 곳.
  북극곰의 ○○○인 빙하가 녹고 있어요.
8 다른 일을 먼저 한 뒤의 차례, 또는 시간이 지난 뒤.
  국어 먼저 하고, 수학은 ○○에 할게요.

주제

예술 작품이나 이야기에서 다루는, 중심이 되는 문제.

알쏭달쏭한 낱말! 가로세로 퍼즐로!

포기하지 않고, 끝까지 필수 어휘 퍼즐을 즐긴 저학년 어린이 여러분에게 박수를 짝짝짝! 이제 여러분은 세련되게 대화할 수 있고, 멋지게 글도 쓸 수 있을 거예요. 학교 공부야 당연히 잘하게 되고요! 다시 한 번 칭찬의 박수, 짝짝짝!

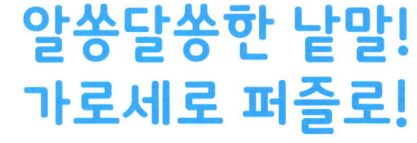